Walter Ivan de Azevedo

O Pão da vida

Subsídio para a catequese de iniciação cristã

Dados Internacionais de Catalogação na Publicação (CIP)
(Câmara Brasileira do Livro, SP, Brasil)

Azevedo, Walter Ivan de
O Pão da vida : subsídio para catequese da iniciação cristã / Walter Ivan de Azevedo. – 1. ed. – São Paulo : Paulinas, 2012. – (Coleção cartilhas)

Bibliografia.
ISBN 978-85-356-3001-5

1. Catequese - Igreja Católica 2. Eucaristia 3. Sacramentos I. Título. II. Série.

11-13805 CDD-234.163

Índice para catálogo sistemático:

1. Eucaristia : Sacramentos : Cristianismo 234.163

Citações Bíblicas: *Bíblia Sagrada*. Tradução da CNBB, 7. ed., 2008.

Direção-geral: *Bernadete Boff*
Editores responsáveis: *Vera Ivanise Bombonatto e Antonio Francisco Lelo*
Copidesque: *Mônica Elaine G. S. da Costa*
Coordenação de revisão: *Marina Mendonça*
Revisão: *Leonilda Menossi e Ruth Kluska*
Gerente de produção: *Felício Calegaro Neto*
Projeto gráfico: *Wilson Teodoro Garcia*
Ilustrações: *Walter Ivan de Azevedo*
Foto de capa: *Wanderson Cardoso Alves*

1ª edição – 2012
2ª reimpressão – 2014

Paulinas

Rua Dona Inácia Uchoa, 62
04110-020 – São Paulo – SP (Brasil)
Tel.: (11) 2125-3500
http://www.paulinas.org.br – editora@paulinas.com.br
Telemarketing e SAC: 0800-7010081

Sumário

Prefácio

Na vida de cada um, há diversos momentos decisivos: um dia nós nascemos; em seguida, recebemos alimento; tornamo-nos adultos; pelos remédios nos curamos das doenças; escolhemos um estado de vida e um dia morremos.

Deus preparou-nos uma vida sobrenatural. Nela nascemos pelo Batismo. Alimenta-nos a alma a Eucaristia. Pela Crisma nos tornamos adultos na fé. Curamos as feridas da alma pela Penitência. Escolhemos um estado de vida pela Ordem ou pelo Matrimônio e, enfim, temos o conforto da Unção dos Enfermos numa doença grave ou na aceitação da morte.

Os três primeiros constituem os sacramentos da iniciação cristã. Os outros são chamados sacramentos da cura e do serviço da comunhão entre os cristãos.

Muitos catequistas, no exercício de sua missão, anseiam por subsídios em que encontrem o essencial que os ajude a prepararem-se para ser catequistas da iniciação cristã e da Penitência.

O Pão da vida chega a suas mãos, caro catequista, com essas características e, ao mesmo tempo, apresenta os princípios mais importantes sobre o assunto, além de complementar-se com mais três livros: *Sou batizado... e daí?*; *O Creio e o sacramento da Crisma* e *Festa do Perdão*.

O tempo de evangelização para a iniciação na vida cristã de jovens ou adultos pode levar um ou mais anos, conforme a orientação de cada Diocese. Como não se trata de um exercício intelectual para ilustrar o conhecimento, mas de uma educação da fé, só tem sentido se, durante o tempo da catequese, o batizado viver essa fé na participação comunitária do Sacrifício da Missa, centro e ápice da vida cristã, e na prática da caridade.

Eucaristia na Bíblia

Era uma vez no Egito

Lemos na Bíblia muitos fatos que, além de serem acontecimentos históricos, funcionam também como profecia, como símbolo de outro acontecimento futuro, do qual eles são uma preparação.

Assim foi a libertação dos hebreus do cativeiro no Egito, por obra de Moisés (Livro do Êxodo), e a sua travessia pelo deserto, alimentados pelo maná, antes de povoarem a Terra Prometida.

Durante os muitos séculos que se seguiram, a lembrança desse fato sustentou a fé e a confiança dos hebreus no poder e na bondade de Deus diante de todos os perigos por que passaram. E firmou neles a certeza de que Deus mandaria um futuro Libertador, o Messias, que os salvaria como um novo Moisés.

Imaginavam, porém, esse Libertador como um guerreiro poderoso, um chefe político que traria grande glória terrena a Israel. Ao passo que Deus Pai, quando mandou o seu Filho como Messias, pretendeu muito mais: libertar do pecado todos os que cressem nele.

Os vinte pães

Lemos no Livro dos Reis (2 Reis 4,42-44) outro fato que também funciona como profecia: o profeta Eliseu mandou distribuir vinte pães a mais de cem pessoas. Diz a Bíblia que o pão multiplicou-se, deu para saciar a todos e até sobrou, enchendo de espanto e admiração aos que participaram do fato. Através dos tempos, os hebreus narravam esse fato a seus filhos, para expressar a convicção de que o Messias futuro haveria de trazer um alimento prodigioso, maior do que o do profeta Eliseu.

Jesus e o milagre no deserto

Durante sua vida pública, por onde Jesus passava, uma grande multidão seguia-o, ávida de escutar sua palavra.

Certa vez na Galileia, o número de ouvintes chegou a cinco mil.

— Tenho compaixão desse povo – exclamou Jesus, contemplando a multidão. – Estão como ovelhas sem pastor.

Estendia-se à sua frente o grande lago de Genesaré, onde os apóstolos costumavam pescar. Ajudado pelos apóstolos, ele havia atendido o povo durante toda a manhã, ensinando e curando a muitos doentes. Nem tempo sobrava para alimentarem-se.

Jesus tentou dar-lhes um descanso:

— Partamos de barco para um lugar mais isolado.

Pararam numa região deserta, nas proximidades de Betsaida. Uma alta colina erguia-se junto à praia. Mas... adeus descanso! Seguindo a pé pela margem, o povo alcançou-os. Voltaram, assim, a atendê-lo até a tardinha.

Foi então que o apóstolo Filipe advertiu:

— Mestre, está ficando tarde. Esse povo ficou aqui o dia todo sem comer. É preciso despachá-lo para que volte às suas casas e, no caminho, compre algum alimento.

Sabendo o que ia fazer, Jesus retrucou:

— Não é necessário. Deem vocês mesmos alimento a essa gente.

— Mas como? Nem duzentos denários (a moeda romana) são suficientes para dar pão a tanta gente.

— Procurem entre o povo o que houver.

Com essa ordem, Jesus certamente queria nos ensinar que a Providência de Deus não deixa faltar o essencial aos que necessitam. Mas a Providência não costuma agir por meio de milagres. Deus quer que sejamos nós a Providência para os carentes, correndo ao seu socorro.

Entrementes, o apóstolo André havia encontrado um menino carregando em pequena cesta cinco pães e dois peixinhos.

— Veja! – exclama desanimado. – Que é isso para tanta gente?

— Mande-os sentar sobre a grama em grupos de cem e cinquenta – ordena Jesus.

Todos obedeceram.

Tomando em suas mãos os pães e os peixes, Jesus elevou os olhos ao céu numa prece ao Pai. Abençoou aquele alimento. Partindo os pedaços como outrora fizera o profeta Eliseu, foi enchendo com eles os braços dos apóstolos, que os distribuíram à multidão.

Como um novo maná, aquilo saciou de tal forma o povo, a ponto de sobrarem doze cestos cheios.

— Não deixem perderem-se os pedaços que sobraram – advertiu o Mestre.

Não se descreve o entusiasmo daquela turba. Influenciados pelas ambições políticas daquela época, logo surgiram homens que o quiseram proclamar rei. Ao procurá-lo, porém, entre os apóstolos, não mais o acharam.

A noite tinha baixado. Retirando-se sozinho para a montanha, ninguém mais viu Jesus.

Não! Ele, o Messias verdadeiro, não viera para ocupar um reino temporal. Aquele estupendo milagre era também uma profecia. Uma preparação para a grande Promessa que ele estava por fazer.

Sou eu!

Também os apóstolos, não o vendo mais, tomaram o barco e zarparam para Cafarnaum.

Em plena noite, em meio às ondas agitadas, perceberam de repente um vulto que caminhava sobre as águas.

— Um fantasma! – gritaram aterrorizados.

Uma voz potente partiu daquele vulto:

— Não tenham medo! Sou eu.

Era Jesus. Vinha ao encontro deles sobre as águas, não para socorrê-los da violência do vento, mas para elevar-lhes a fé ainda fraca, em razão da grande Promessa que estava por acontecer.

Tão fraca era aquela fé que Pedro ousou pedir uma prova:

— Se é mesmo o Senhor, faça-me caminhar também ao seu encontro.

— Venha.

Foi. Mas diante do avolumar-se de uma onda à sua frente e do sibilar do vento, vacilou sua confiança e começou a afundar.

— Mestre, salva-me!

Tomando-o pela mão e colocando-o a salvo na barca, o Mestre repreendeu-o:

— Por que duvidou, homem de pouca fé?

O vento acalmou. Em pouco tempo chegaram à margem oposta.

A grande promessa

No dia seguinte, em Cafarnaum, ao ver Jesus entrar na sinagoga (a casa de oração), o povo juntou-se novamente em grande número. Aqueles homens vinham levados pela fé ou pelo interesse material? Esperavam, talvez, de Jesus um gesto mágico que os alimentasse do pão material, quando quisessem ou pedissem?

Mandando fazer silêncio, Jesus afirmou:

— Eu tenho outro pão para lhes dar. Quem come desse pão não terá mais fome.

— Dê-nos desse pão! – exclamou a turba, entusiasmada.

E veio a surpresa:

— *Esse pão sou eu!*

E acrescentou:

— EU sou o pão vivo que desceu do céu. Quem come deste pão viverá para sempre. O pão que eu vou dar é minha própria carne, para que o mundo tenha vida (cf. João 6,51-58).

Palavras estranhas para aqueles homens. Entreolharam-se surpresos e exclamaram:

— Como ele pode dar-nos de comer a sua carne?

Mas Jesus insistiu:

— Eu garanto a vocês: se não comerem a carne do Filho do Homem e não beberem seu sangue, não terão a vida em vocês. Quem come minha carne e bebe meu sangue tem a vida eterna, e eu o ressuscitarei no último dia. Porque minha carne é verdadeira comida e meu sangue, verdadeira bebida. Quem come minha carne e bebe meu sangue, vive em mim e eu vivo nele. Como o Pai que vive me enviou e eu vivo pelo Pai, assim aquele que me recebe como alimento viverá por mim.

E lembrando a distribuição profética do maná no tempo de Moisés:

— Não é como o pão que os pais de vocês comeram no deserto e depois morreram. Quem come desse pão viverá para sempre.

Muitos, ao ouvir essas expressões, exclamaram:

— É dura essa linguagem! Quem pode aceitá-la?

E foram retirando-se, decididos a não mais escutá-lo.

Jesus não trocou nem corrigiu nenhuma dessas palavras para fazê-los voltar. Antes, insistiu nelas, dizendo:

— As palavras que eu disse a vocês são Espírito e vida (João 6,63).

E os apóstolos? Qual foi a reação deles?

Jesus voltou-se para eles e lançou o desafio:

— Também vocês vão querer me abandonar?

Da mesma forma, não haviam entendido como é que Jesus daria a si mesmo como alimento.

Mas, naquele instante, não puderam deixar de lembrar o seu poder sobre as águas, os ventos, as doenças e até sobre a morte. Haviam presenciado a ressurreição do jovem às portas da cidade de Naim. A uma palavra sua: "Levante-se!", o jovem voltara à vida e abraçara sua mãe diante do povo admirado. Se ele era capaz de acalmar as tempestades, andar sobre as águas, ressuscitar os mortos e multiplicar os pães apenas com uma palavra, não poderia desdobrar sua presença de tal forma que, em qualquer época e em qualquer parte do mundo, poderíamos recebê-lo em forma de alimento? Não era uma explicação racional que ele esperava dos apóstolos, mas uma resposta de fé.

À lembrança dos milagres, eles encheram-se de confiança na sua pessoa e na sua palavra. Em nome dos doze, Pedro exclamou:

— Só tu tens palavras de vida eterna! Mesmo sem saber como isso se dará, nós cremos em ti, pois és o Filho de Deus!

Em tão pouco tempo, como a fé dos apóstolos havia aumentado!

Mas ficava suspensa no ar a pergunta: como isso se daria?

Última ceia

Foi na última ceia celebrada com Jesus que os apóstolos tiveram a resposta.

Como vamos nos alimentar de seu corpo e sangue?

Não como feras a comer carne, nem como vampiros a sugar sangue, mas, sob a forma de pão e de vinho, Jesus inteiro, vivo e real, torna-se presente.

Todos os anos os judeus celebravam a ceia pascal, comemorando a antiga libertação do povo da escravidão no Egito. Consistia em comer um cordeiro e, no início, o chefe da casa abençoava o pão, partia-o e distribuía-o aos presentes.

Jesus, como bom judeu fiel a essa prática, juntou os apóstolos para comer com ele o cordeiro pascal. Contudo, na hora de abençoar o pão, agiu de modo diferente. Disse solenemente:

— Tomai e comei. Isto é o meu corpo, que é dado a vós.

Pegando o cálice, deu graças e ofereceu a eles, dizendo:

— Este é o meu sangue, o sangue da Nova Aliança, que é derramado em favor de vós e de muitos, para a remissão dos pecados.

E concluiu:

— Fazei isso em memória de mim.

Ao celebrar a ceia pascal dos judeus, sua última ceia, Jesus antecipou nos sinais do pão e do vinho o que ia realizar no dia seguinte: o seu sacrifício na cruz. Todos entenderam que ali se realizava o memorial do seu sacrifício como alimento: "Eu sou o pão vivo que desceu do céu".

Mais tarde, quatro escritores sagrados, Paulo antes de todos e depois Mateus, Marcos e Lucas, quase com as mesmas palavras, deixaram a descrição da última ceia, tal a importância que deram a ela (1 Coríntios 11,23-25; Mateus 26,26-28; Marcos 14,22-24; Lucas 22,19-20).

Mistério da Nova Aliança

— Este é o meu sangue – havia dito Jesus –, o sangue da Nova Aliança.

Deus Pai tinha estabelecido desde os tempos de Abraão uma aliança com o povo hebreu, para que conservasse e transmitisse ao mundo a crença na sua divindade. Apesar de o povo tê-la quebrado muitas vezes, praticando a idolatria e muitos outros pecados, Deus foi fiel a essa aliança. Embora o povo sofresse as consequências quando se desviava, Deus protegeu o povo até o fim.

Mas aquela era uma aliança profética. Anunciava outra que devia vir com o Messias. Com a vinda de Jesus, uma Nova Aliança foi estabelecida na sua pessoa, com todos aqueles que cressem nele. E com as palavras proferidas na Santa Ceia: "Fazei isso em memória de mim", Jesus constituiu os apóstolos os primeiros sacerdotes dessa Nova Aliança, para que, dali em diante, agissem como ele.

Eles entenderam a sua missão. Apenas Jesus subiu ao céu e o Espírito Santo desceu sobre eles, começaram a celebrar o rito da Santa Ceia tal como Jesus havia feito, a que chamaram de Fração do Pão e hoje chamamos de Missa.

O que acontece na Missa?

A sabedoria popular entende que substância é aquela realidade que faz com que um corpo seja e permaneça tal, mesmo se mudam suas qualidades de cor, forma, tamanho etc. Você, por exemplo, é o mesmo que era quando nasceu, embora seu corpo tenha crescido e mudado muito durante sua existência.

Tamanho, cor, peso, sabor, consistência do pão e do vinho continuam visíveis como antes. Mas, por debaixo dessas aparências, a substância (= aquilo que está sob) não é mais do pão e do vinho, porém, do próprio Jesus vivo, inteiro, imortal, glorioso como no céu.

Seu corpo não se divide, quando se divide a hóstia consagrada. Não são muitos Cristos, mas muitas presenças do mesmo Cristo em todas as hóstias e em todos os sacrários onde elas se conservam.

Esse mistério chama-se transubstanciação. Não somos capazes de compreender como acontece, mas percebemos que é perfeitamente possível e certo, porque, "como na criação, Deus produz do nada todos os seres, assim na Eucaristia se dá a conversão de todo o ser do pão e todo o ser do vinho no de Jesus. Como só Deus pode criar do nada, também só Deus pode 'transubstanciar'" (D. Estêvão Bittencourt).

Jesus, após a multiplicação dos pães, mandou recolher os fragmentos para que não se perdessem. Era também uma profecia da sua presença na hóstia consagrada: qualquer pedaço em que se parte o pão consagrado, está Jesus todo.

No século XIII, Santo Tomás de Aquino, um dos maiores teólogos de todos os tempos, foi encarregado pelo Papa de compor em latim dois hinos que celebram esse mistério. Resultou numa composição estupenda pela beleza poética e pela profundidade teológica. Eis partes dela:*

* Tradução dos hinos adaptada pelo autor. (N.E.)

1º hino

Louve, ó língua, o mistério do Corpo glorioso e do Sangue precioso, que para a salvação do mundo o Rei dos povos derramou como fruto generoso do seu coração.

Nascido para nós da Virgem imaculada, vivendo entre os seus, ele se dá a nós depois de espalhar no mundo a semente de sua palavra.

Na noite suprema da Ceia, sentando-se com seus irmãos e obedecendo plenamente à lei da Páscoa, ao grupo dos doze ele se deu a si mesmo com suas próprias mãos.

Pela sua palavra, pão e vinho se fazem Carne e Sangue de Cristo. E se os sentidos não conseguem, basta a fé para firmar o nosso coração sincero.

Veneremos, prostrados, esse grande Sacramento. A Antiga Aliança cede ao novo rito. A fé sirva de suplemento ao que falta aos nossos sentidos.

Recebam por isso o nosso louvor, júbilo, honra e saudação, o Pai e o Filho, juntamente com o Espírito Santo, que deles procede.

2º hino

Nessa mesa do novo Rei termina a fase antiga e proclama-se uma nova Páscoa, uma nova Lei.

O que Cristo fez na Ceia mandou que se fizesse em sua memória. Um dogma é dado aos cristãos: o que era pão se torna Carne; o que era vinho se torna Sangue. O que tu não percebes nem vês, a fé animosa confirma.

Permanecem visíveis os sinais, não, porém, a matéria anterior.

Permanece Cristo todo sob ambas as aparências, para dar sua Carne como alimento e seu Sangue como bebida.

Não é partido nem dividido, mas todo inteiro é recebido; nem se consome, mesmo se um ou mil o recebem.

Partido, pois, o Sacramento, não vaciles, mas te lembres: tanto está no fragmento quanto no todo. Não se faz divisão nem se diminui a estatura do ser, mas do sinal.

Recebem-no os bons e os maus, mas com sorte desigual: para os bons é vida; morte para os maus.

Bom pastor, Pão verdadeiro, que nos apascentas aqui como mortais, faz-nos teus comensais, herdeiros e solidários, na pátria eterna dos santos.

Mistério de união

Por que será que Jesus chegou a este ponto de se doar a nós como alimento?

É certamente porque anseia pela mais íntima união de nosso ser com ele e com todos os que crerem nele. É o que expressou vivamente em sua última conversa com os apóstolos, após a última ceia.

Foi um momento triste de despedida, que ele transformou em anúncio alegre de que pretendia permanecer no coração dos cristãos para sempre.

Em palavras cheias de emoção, dirigidas ao Pai, mas repassadas aos discípulos e a todos nós como um testamento supremo e ensinamento definitivo, assim ele exprime-se:

> *Eu não rogo somente por eles, mas também por aqueles que vão crer em mim pela palavra deles. Que todos sejam um, como tu, Pai, estás em mim, e eu em ti. Que eles estejam em nós, a fim de que o mundo creia que tu me enviaste.... eu neles, e tu em mim (João 17,20-23).*

E insiste:

> *Pai, quero que estejam comigo aqueles que me deste... para que o amor com que me amaste esteja neles, e eu mesmo esteja neles (Jo 17,24-26).*

Eis o motivo pelo qual ele quis se dar a nós como alimento: ele quer que, recebendo a Eucaristia, alcancemos a mais íntima união com ele.Tal como expressou na parábola da videira:

Permanecei em mim, e eu permanecerei em vós. Como o ramo não pode dar fruto por si mesmo, se não permanecer na videira, assim também vós não podereis dar fruto se não permanecerdes em mim. Eu sou a videira e vós, os ramos. Aquele que permanece em mim, como eu nele, esse dá muito fruto; pois sem mim, nada podeis fazer (João 15,1-11).

Ao preparar o cálice, durante a celebração da Missa, o padre une ao vinho uma gota de água. É um ato bem significativo: o vinho, naquele momento, significa a natureza humana de Cristo, e a pequena gota de água, a nossa natureza humana que se perde no meio de muitas gotas de vinho no cálice. Assim, a nossa humanidade, mergulhada na humanidade de Cristo, ao recebê-lo em comunhão incorpora-se a Cristo e transforma--se por sua ação divina.

Mais ainda: Jesus expressa ao Pai nessa oração o desejo ardente que vivamos em íntima união fraterna (comunhão quer dizer união comum) com os irmãos na fé, os cristãos. A raiz da nossa comunhão eclesial é a Eucaristia que todos recebemos.

Origem e modelo da nossa união com Cristo e entre nós, membros da Igreja, é a unidade entre o Pai e o Filho e o Espírito Santo.

Essa origem vem do alto, comenta um autor. É gratuita e invisível. Mas deve tornar-se visível na Igreja e na sociedade pela união que precisa existir entre nós: "Para que vejam e acreditem", disse Jesus. E como vamos exprimi-la? Por meio de um amor disposto a servir a todos, até os inimigos.

Por isso, Jesus lavou os pés dos discípulos antes de instituir a ceia da Eucaristia. Foi um sinal desse amor-serviço. Ele deseja que o cristão seja com os outros e para os outros uma busca constante de convivência e solidariedade.

Assim, a Eucaristia tornou possível a existência e a ação da Igreja como povo de Deus. A Igreja modela-se no próprio Deus, que é comunhão, diálogo de amor entre o Pai, o Filho, o Espírito Santo. Igreja não é uma comunidade fechada em si mesma. Sai em busca dos outros com ardor missionário, para que todos gozem dessa comunhão na terra, em vista e na espera da reunião final na eternidade, onde o único bem que prevalece é o amor.

A intervenção do Espírito Santo

Em plena celebração eucarística, o padre que preside invoca a presença do Espírito Santo. Para quê?

Assim como o Espírito Santo interveio em todos os acontecimentos misteriosos da vida de Jesus e da formação da Igreja, é ele, enfim, que na Missa, invocado pelo que preside antes da Consagração, santifica o pão e o vinho que Jesus transformará em si mesmo.

"O que o Espírito Santo toca", disse São Cirilo de Jerusalém, "é santificado e transformado totalmente".

E assim como antes da Consagração santificou o pão e o vinho, que, em seguida, se tornam o Corpo ressuscitado de Cristo, também depois da Consagração santifica os participantes da Missa e todo o povo cristão, unidos no Corpo Místico de Cristo. A Eucaristia revela-se raiz da nossa comunhão eclesial.

Sacrifício da Nova Aliança

Sacrifício é, antes de tudo, oferta. Na cruz, Jesus ofereceu-se para a nossa salvação. O mesmo ele faz na Missa, que se torna assim o grande oferecimento de si mesmo ao Pai por nós.

E oferece-se também a nós, primeiro alimentando-nos com a mesa da sua palavra, depois com a de seu próprio Corpo. Embora essas duas partes da Missa recebam nomes diversos: liturgia ou mesa da Palavra e liturgia ou mesa do Sacrifício, constituem um único e definitivo oferecimento, perpetuando o que ele fez na cruz.

A Missa não é repetir, não é multiplicar, não é acrescentar algo ao sacrifício de Cristo na cruz. O memorial de que fala o Missal não é apenas uma recordação agradecida, uma encenação do acontecimento da cruz. É o mesmo acontecimento que se atualiza incessantemente através do tempo.

Mas como pode ser o mesmo acontecimento?

Porque está presente o autor, Jesus, e o seu oferecimento é permanente. Nos sacrifícios antigos, o autor da oferta era o sacerdote hebreu que, quando morria, tinha de ser substituído por outro. Na Missa, Jesus continua vivo e imortal, tornando contínuo, perpétuo, seu oferecimento e aplicando-o à humanidade ao longo de todos os séculos. Cristo é o doador e o dom, o ofertante e a oferta.

Chama-se "sacrifício da Nova Aliança". Por quê?

Como já lembramos, Deus Pai fez uma aliança com o povo hebreu na antiguidade, baseada na promessa de um Salvador, que chamou de Messias: o Ungido, o Consagrado. Essa aliança, fundamentada na Lei de Deus, à qual os hebreus prometiam obediência, conservou o povo unido numa mesma fé durante milênios, embora muitas vezes tenha sido fraco e infiel. Jesus é esse Messias anunciado. Na última ceia e com sua morte e ressurreição, estabeleceu com os que creem nele uma Nova Aliança, baseada no amor e fidelidade à sua palavra.

Seguindo o costume dos hebreus na ceia pascal, ele partiu o pão, mas para indicar sua morte que estava para acontecer. Na cruz Jesus é partido para nós. No pão partido transformado em si mesmo, ele oferece-se aos discípulos e a nós. A Nova Aliança é a do amor, não simplesmente da obrigação a uma lei. Amor capaz de construir e transformar os corações.

Jesus não é simplesmente uma doutrina para a gente estudar e acreditar. Mas uma *Pessoa* que, pela Eucaristia, entra em nossa vida para transformar toda a nossa maneira de viver e de nos relacionar com os outros.

"Não vos conformeis com este mundo", diz São Paulo (Romanos 12,2), "mas transformai-vos pela renovação de vossa mente", numa nova maneira de compreender e orientar as próprias decisões.

O publicano Zaqueu, antes todo dedicado ao dinheiro e aos bens materiais, transformou-se totalmente pelo seu contato com Jesus, como vimos em Lucas 19,1-10.*

E por que se chama Eucaristia?

De origem grega, a palavra "eucaristia" tem o sentido de ação de graças, oração de agradecimento. Os hebreus faziam-na no início de cada refeição, significando louvor agradecido a Deus por aquela refeição e por toda a sua ação salvadora sobre o povo de Deus.

Jesus proferiu-a ao abençoar o pão na última ceia. Os apóstolos e primeiros cristãos conservaram o costume de agradecer nas suas refeições e, logicamente, na grande refeição da Missa. Assim, ela é um grande louvor e agradecimento pela redenção operada por Cristo em favor de toda a humanidade.

Por isso, antes de realizar o grande acontecimento da Consagração do pão e do vinho, a comunidade cristã desata um hino de jubilosa gratidão que a liturgia chama de Prefácio, não no sentido de "dizer antes", mas no de "dizer diante", isto é, diante do prodígio da comemoração da sua Páscoa.

"É uma ação de graças comunitária. Não uma coleção de indivíduos somando suas ações de graças pessoais, mas o Corpo Místico de Cristo cujos membros, interligados na unidade, tornam própria a única ação de graças com que cada um se esforça para viver em comunhão" (cf. Tillard, Jean Marie Roger, A comunhão na Páscoa do Senhor, p. 553).

* Ver também a cartilha *Festa do Perdão*, desta mesma série.

Adoração eucarística

Desde o início da Igreja, existe o costume de conservarem-se no sacrário as hóstias que sobram após uma Missa. Destinam-se por tradição a ser enviadas aos doentes e moribundos. Jesus permanece nelas, enquanto se conservarem as aparências externas de pão.

Originaram-se daí os diversos movimentos que promovem a adoração coletiva ao Santíssimo Sacramento e as visitas a ele conservado no sacrário. Costume legítimo, pois, como diz Santo Agostinho, o Sacramento existe para ser recebido como alimento; porém, se nele não acreditássemos nem adorássemos nele a presença de Cristo, não procuraríamos recebê-lo na Comunhão. A adoração vem antes.

Nos séculos passados, desenvolveu-se tanto o costume da adoração fora da Missa que quase fez esquecer sua ligação com o Sacrifício da cruz e sua existência como Sacramento para ser recebido como alimento espiritual.

Vamos, portanto, prestigiar esse costume, mas sempre fazendo o povo compreender sua ligação íntima com a Missa e sentindo necessidade de recebê-lo com frequência na Comunhão. O culto público do Sacrifício da Missa deve sempre ter mais importância que o individual.

Promovendo esses movimentos de adoração diante do sacrário, procuremos fugir de motivações sentimentais e românticas sem sentido, tais como: "Vamos visitar Jesus, prisioneiro no sacrário; não o deixemos sozinho". Jesus não é prisioneiro nem está sozinho, já que vive no seio da Santíssima Trindade, em plena glória celeste e para sempre.

A razão pela qual devemos visitá-lo com frequência no sacrário é que nós precisamos dele na nossa vida cotidiana. Para, na sua presença, meditar nas maravilhas de sua graça, depositar diante dele as nossas preocupações e anseios, e reforçar nossos propósitos de fidelidade.

Paulo VI, na sua belíssima encíclica *Mistério da fé*, n. 69, nos diz:

"Cristo é verdadeiramente Emmanuel, isto é, Deus conosco. Não só durante a oferta do sacrifício e realização do sacramento, mas também depois, enquanto a Eucaristia se conserva em igrejas ou oratórios.

Dia e noite está no meio de nós, habita conosco, cheio de graça e de verdade. Educa para os bons costumes, alimenta as virtudes, consola os aflitos, fortifica os fracos; atrai à sua imitação quantos dele se abeiram, para que aprendam com o seu exemplo a ser mansos e humildes de coração e a procurar não os seus interesses, mas os de Deus.

Todos os que dedicam particular devoção ao augusto Sacramento Eucarístico e se esforçam por corresponder com prontidão e generosidade ao amor infinito de Cristo por nós, experimentam e se alegram quanto importa que o homem se demore a falar com Cristo. Nada há mais suave na terra, nada mais eficaz para nos conduzir nos caminhos da santidade".

Pedro, depois de receber o Espírito Santo no dia de Pentecostes, ao se dirigir ao povo aglomerado na praça, exclamou com tanta veemência e convicção: "Ele está vivo no meio de nós!", que três mil pessoas decidiram ser discípulas de Cristo. A mais genuína alegria é reconhecer que, pela sua presença na Eucaristia, o Senhor permanece vivo e atuante entre nós como companheiro fiel de nossa caminhada nesta terra.

Fonte do amor social

Para que o fiel, no culto de adoração ao Santíssimo Sacramento, não alimente uma piedade voltada apenas para si mesmo, mas abra-se para os irmãos, Paulo VI acrescenta na mesma carta:

"A Eucaristia se conserva nos templos e oratórios... como centro da Igreja universal e da humanidade inteira... Donde se segue que o culto eucarístico promove muito nas almas o 'amor social', que nos leva a antepor o bem comum ao bem particular, a fazer nossa a causa da paróquia, da humanidade, da Igreja universal, e a dilatarmos a caridade até abraçarmos o mundo inteiro".

Bento XVI, em *Sacramentum caritatis*, n. 89, exorta:

"Eu não posso ter Cristo só para mim; posso pertencer-lhe somente unido a todos aqueles que se tornaram ou se tornarão seus. É necessário explicitar a relação entre mistério eucarístico e compromisso social... Através do memorial do seu sacrifício, ele reforça a comunhão entre irmãos e irmãs, estimula os que estão em conflito a apressar a reconciliação, a abrir-se ao diálogo e ao compromisso pela justiça".

Em outra parte de sua carta (n. 83), o Papa chama de "coerência eucarística" o fato de o culto agradável a Deus nunca ser um ato meramente privado, mas sempre ter consequências nas nossas relações sociais.

E chega a alertar fortemente os políticos e legisladores católicos sobre sentirem-se gravemente interpelados pela sua consciência a apresentar e apoiar leis inspiradas no respeito e defesa da vida humana, da família fundada no Matrimônio, na liberdade de educação e na promoção do bem comum, sem promessas enganadoras e vãs utopias (n. 91).

"Tudo isso", conclui o Papa, "tem ligação com a Eucaristia".

O mundo precisa encontrar Cristo e acreditar nele. A Eucaristia bem compreendida e recebida transforma-nos em "boa semente" para vivermos e levarmos aos outros, com ardor missionário, a alegria de uma vida nova toda centrada na amizade com Cristo e no respeito mútuo.

Outras formas de devoção eucarística

Além da participação na Missa e na comunhão, a exposição e conservação do Santíssimo Sacramento para adoração pública ou particular, a récita do Ofício e as Confrarias do Santíssimo Sacramento, o povo cristão honra Jesus sacramentado através das procissões e congressos eucarísticos.

A mais importante é a procissão na festa do Corpo de Deus, instituída na Bélgica no século XIII e depois estendida para toda a Igreja pelo Papa Urbano IV. É um ato público de louvor, adoração e ação de graças pelo dom tão extraordinário de termos Jesus tão perto de nós.

"Nenhum povo", diz a Bíblia, "tem seu Deus assim tão próximo".

Quanto aos Congressos Eucarísticos, o primeiro realizou-se em Lille, na França, em 1881. A partir deste, muitos congressos eucarísticos diocesanos, regionais, nacionais e internacionais foram e continuam a ser celebrados até os nossos tempos.

Para que são promovidos?

- Para ajudar os fiéis a conhecerem melhor e aprofundar esse sacrossanto mistério em seus vários aspectos, mediante uma intensa catequese, adaptada à compreensão dos diversos grupos.
- Para incentivá-los a uma participação mais ativa à liturgia, orientando todas as atividades, a fim de que o povo tenha consciência de que a Missa é o centro e o ápice de toda piedade cristã.

- Para promover a reconciliação com Deus de grande número de fiéis, facilitando-lhes o acesso ao sacramento da Penitência.
- E para promover a execução de obras sociais em vista da promoção humana e justa comunhão de bens, a exemplo da comunidade cristã primitiva (cf. *Ritual para o culto fora da Missa*, da Sagrada Congregação para o Culto Divino, n. 111).

A Igreja no Brasil celebra seus congressos eucarísticos nacionais com grande solenidade e proveito para os fiéis, desde 1933, quando o realizou na Bahia.

O dia do Senhor

Em latim, *Dominus* quer dizer Senhor; daí vem a palavra domingo: dia do Senhor.

Tudo isso nos estimula a colocar a Eucaristia no centro da nossa vida. Quando chegamos a perceber que a Missa não é apenas o cumprimento de um dever para os cristãos, mas um *encontro vivo e pessoal com Cristo*, valorizamos o nosso domingo como o grande dia desse encontro, quando não o podemos fazer todos os dias.

O Papa João Paulo II, na sua carta apostólica *Dies Domini* (Dia do Senhor), mostra como o domingo é "dia do Pai", porque recorda, como o sábado dos hebreus, a obra da criação realizada por ele pelo nosso amor, no fim da qual ele "descansou", isto é, cessou de criar.

É "dia de Cristo", porque, pela sua paixão, morte e ressurreição acontecida exatamente no domingo, estabeleceu uma nova Páscoa de salvação, superior à dos hebreus, uma vez que estendida a toda a humanidade.

É "dia da Igreja", porque nos proporciona tempo e ocasião para nós, cristãos, nos reunirmos como comunidade de fé e celebrarmos a alegria de nos identificarmos com os irmãos em Cristo. O domingo é, por isso, a festa cristã por excelência.

Finalmente, é "dia do homem", porque nos permite suspender nossas atividades diárias de trabalho ou estudo e nos dedicarmos ao descanso e ao lazer, não como um fim em si mesmo, mas para dar ocasião a que, além do nosso encontro comunitário com Cristo na Missa, nos dediquemos a encontros de amizade (visitas a amigos e parentes) e de solidariedade (visitas aos pobres, doentes ou idosos). Não pode o domingo, por negligência nossa, transformar-se num dia "vazio de Deus".

Além disso, é importante que você, cristão, tenha uma noção exata e uma vivência proveitosa do Ano Litúrgico. Esteja consciente de que em cada ano o "mistério de Cristo" é celebrado pela Igreja em duas grandes etapas:

- no Natal: celebração do mistério da Encarnação, precedida por uma preparação, o Advento, e seguida pelo Tempo do Natal, com a solenidade da Mãe de Deus, Sagrada Família, Epifania (reis magos), Batismo do Senhor e outras festas e comemorações;
- na Páscoa: celebração do mistério da Redenção e Ressurreição, precedida pela preparação, Quaresma, e seguida pela festa do Espírito Santo e pelos domingos comuns. Viver o ano litúrgico é crescer na nossa pertença a Cristo.

Os Atos dos Mártires contam que, no início do século IV, em Abitina, na Tunísia, um grupo de 49 cristãos foi levado à presença de seus perseguidores, por terem violado o decreto do imperador Diocleciano, que proibia reunir-se para celebrações religiosas. Apesar de torturados e condenados à morte, afirmavam: "Não podemos viver sem o domingo!".

"Exorto-vos, pois, a trabalharem incansavelmente – conclui o Papa –, para que o valor desse dia sagrado seja reconhecido e vivido cada vez melhor".

Que todos, "renovando-se constantemente no memorial semanal da Páscoa, tornem-se anunciadores cada vez mais confiáveis do Evangelho que salva, e construtores ativos da civilização do amor".

Como receber Jesus

Você vai recebê-lo pela primeira vez? Ou já o recebeu na infância, e depois muito tempo se passou sem mais se lembrar dele? E agora sente que deve voltar a ele? É justo querer recebê-lo com a melhor disposição possível.

Paulo adverte-nos:

Portanto, todo aquele que comer do pão ou beber do cálice do Senhor indignamente, será culpado contra o corpo e o sangue do Senhor. Examine-se cada um a si mesmo e, assim, coma do pão e beba do cálice; pois, quem come e bebe sem distinguir devidamente o corpo, come e bebe sua própria condenação (1 Coríntios 11,27-29).

Trata-se de recebê-lo "em estado de graça".

Examine a sua consciência. Se ofendeu gravemente a Deus ou ao próximo, você não pode receber Jesus sem antes procurar uma reconciliação no sacramento da Penitência.

Se você nota na consciência apenas faltas leves e tiver sincero arrependimento, com a decisão de ser mais fiel, a própria comunhão atrai o perdão de Deus. Se você não tem no momento possibilidade de se confessar, por falta de tempo ou de confessores, mas procura ter uma contrição perfeita, Deus perdoa-o naquele mesmo momento também dos pecados graves, mas fica a obrigação de procurar um confessor na primeira ocasião possível.

A comunhão sacramental frequente é o melhor meio de conservar e aumentar a união íntima e constante com nosso maior Amigo e Salvador. Feliz de você, se o puder receber todos os dias. O momento cotidiano da Missa é sem dúvida a ação mais importante e proveitosa do seu dia e da sua vida.

Bibliografia

BENTO XVI. *Sacramento da caridade.* Exortação apostólica, 2007.

BORÓBIO, Dionisio. *Sacramentos en comunidad.* Bilbao, 1993.

CATECISMO DA IGREJA CATÓLICA. São Paulo: Paulinas, 1998.

GOEDERT, V. M. *Culto eucarístico fora da Missa.* São Paulo: Paulus, 1997.

GRÜN, A. *Eucaristia, transformação e união.* São Paulo: Loyola, 2007.

JOÃO PAULO II. *Dia do Senhor.* Carta apostólica, 1998.

PAULO VI. *Mistério da fé.* Carta encíclica, 1965.

TILLARD, Jean Marie Roger. A comunhão na Páscoa do Senhor. In: BROUARD, Maurice (org.). *Enciclopédia da Eucaristia.* São Paulo: Paulus, 2006.

Walter Ivan de Azevedo

Como encontrar Jesus

Paulinas

Walter Ivan de Azevedo

Subsídio para a catequese de iniciação cristã

O Pão da vida

Paulinas

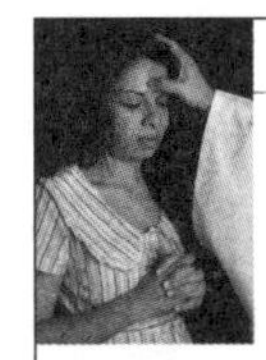

Walter Ivan de Azevedo

Subsídio para a catequese de iniciação cristã

O Creio e o sacramento da Crisma

Paulinas

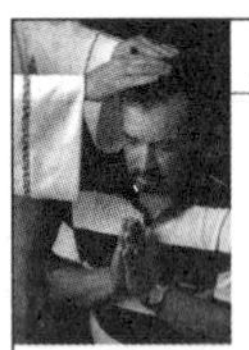

Walter Ivan de Azevedo

Subsídio para a catequese de iniciação cristã

Festa do Perdão

Paulinas

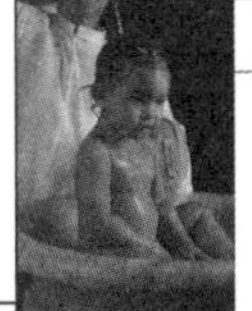

Walter Ivan de Azevedo

Subsídio para a catequese de iniciação cristã

Sou batizado... e daí?

Paulinas